كيفَ أرسمُ

الخضرواتِ

دار جامعة حمد بن خليفة للنشر
HAMAD BIN KHALIFA UNIVERSITY PRESS

السبانخ

الخطوة 1 2 3 4

السبانخ مصدر رائع للفيتامينات والحديد تحديدًا.

1 ابدأ برسم دائرة تتقاطع معها دائرة أخرى أكبر منها، ثم ارسم خطًّا منحنيًا يقطع الدائرتين لتكوين العرق الأوسط.

2 قمْ بزيادة سُمك عِرق الورقة برسم خطٍّ منحنٍ آخر. وبعد ذلك، ارسم الهيكل الأساسي لورقة السبانخ عن طريق توصيل الدائرتين والخطوط المنحنية من الخارج.

3 ارسم العروق الرفيعة لورقة السبانخ.

4 امحُ خطوط القلم الرصاص غير الضرورية (باللون الأحمر).

الآن، لوّن ما رسمته بعناية.

اليقطين

الخطوة 1 2 3 4

اليقطينة كلُّها فوائد، يمكن تناول كل أجزائها: الجذر والثمرة والعرق والأوراق. كما أنَّ سندريلا ما كانت لتذهب إلى الحفل من دونها!

1 ابدأ برسم شكل بيضوي كبير، ارسم داخله شكلًا بيضويًا آخر أصغر منه. ثم ارسم خطًّا منحنيًا يلامس الشكلين البيضويين.

2 حدِّد الهيكل الأساسي لثمرة اليقطين برسم بعض الخطوط الدائرية.

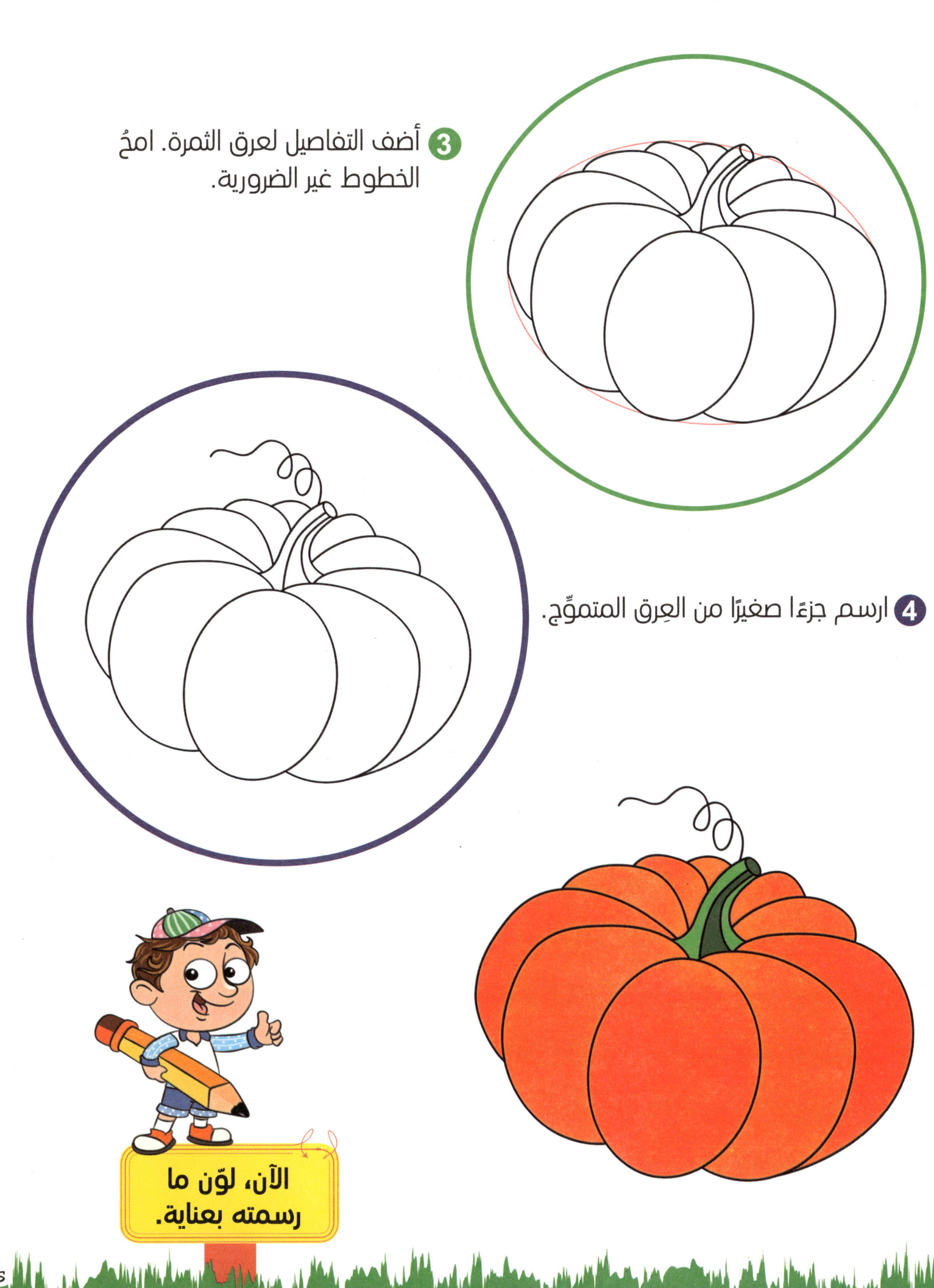

3 أضف التفاصيل لعرق الثمرة. امحُ الخطوط غير الضرورية.

4 ارسم جزءًا صغيرًا من العِرق المتموِّج.

الآن، لوّن ما رسمته بعناية.

الخيار

في الخيار بذور كثيرة، تكبر كلَّما كبرت الثمرة. وهو يرطِّب الجسم والجلد لاحتوائه على 90% ماء.

1. ابدأ برسم دائرتين، يمرُّ في منتصفهما خطٌّ منحنٍ. ثم ارسم دائرة صغيرة داخل الدائرة اليمنى.

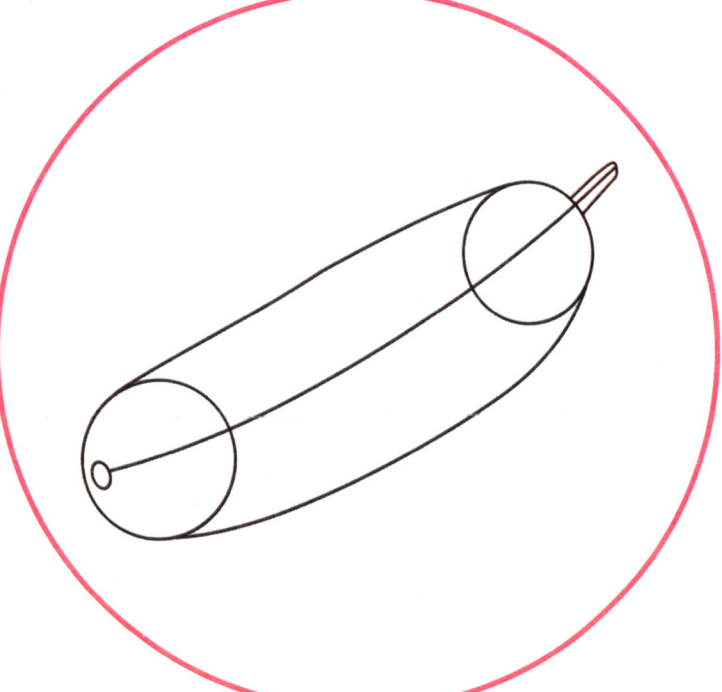

2. ارسم هيكل ثمرة الخيار عبر توصيل الدائرتين والخطِّ المنحني من الخارج.

3 أكمل الرسم بإضافة مزيد من التفاصيل بما فيها الخطوط المنحنية الموضحة في الرسم.

4 امحُ خطوط القلم الرصاص غير الضرورية.

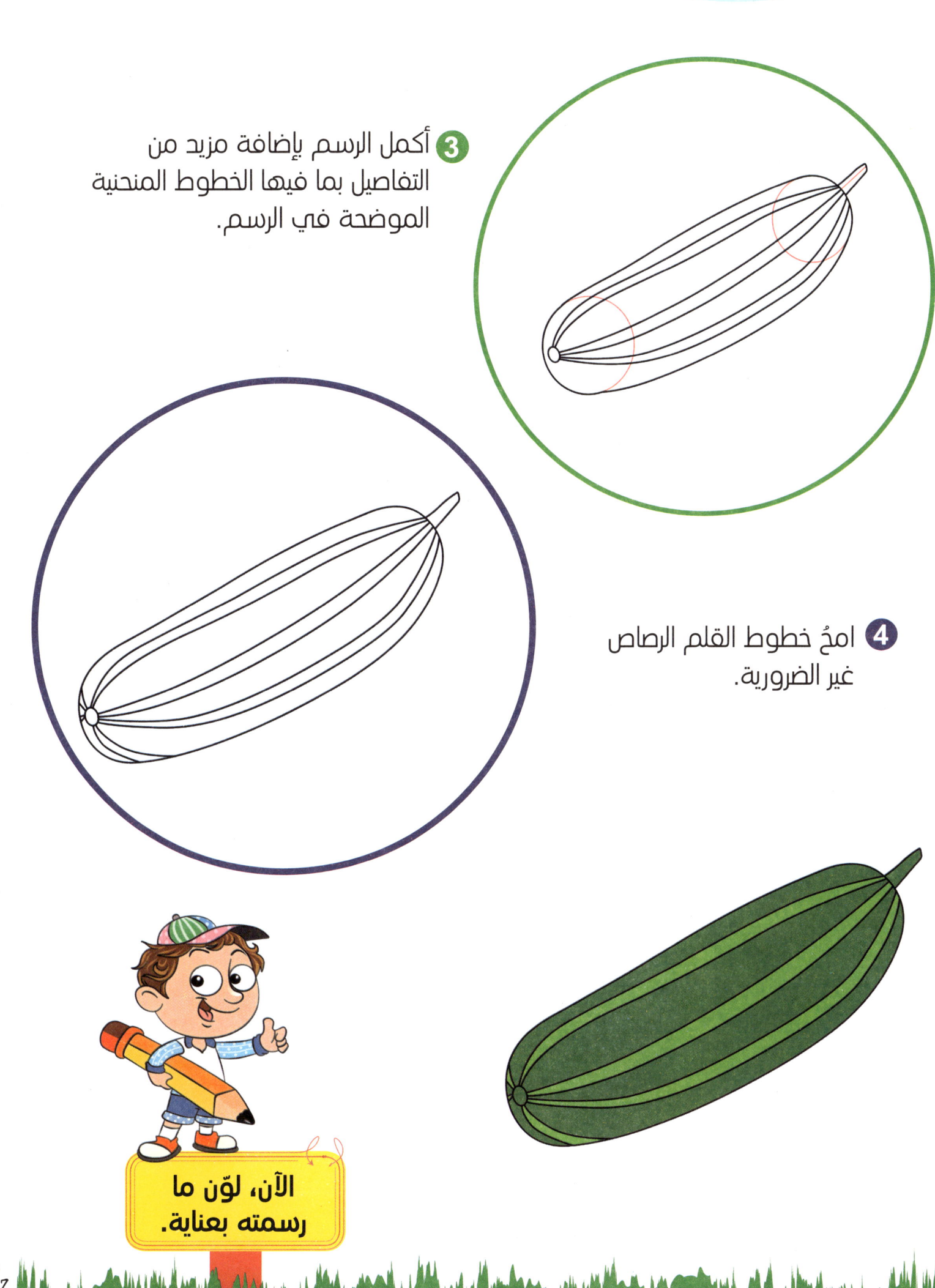

الطماطم

الخطوة 1 2 3 4

للطماطم ألوان مختلفة، منها الأحمر والأصفر والبرتقالي والوردي والأخضر والأسود والأبيض، وهي مفيدة لصحّة القلب.

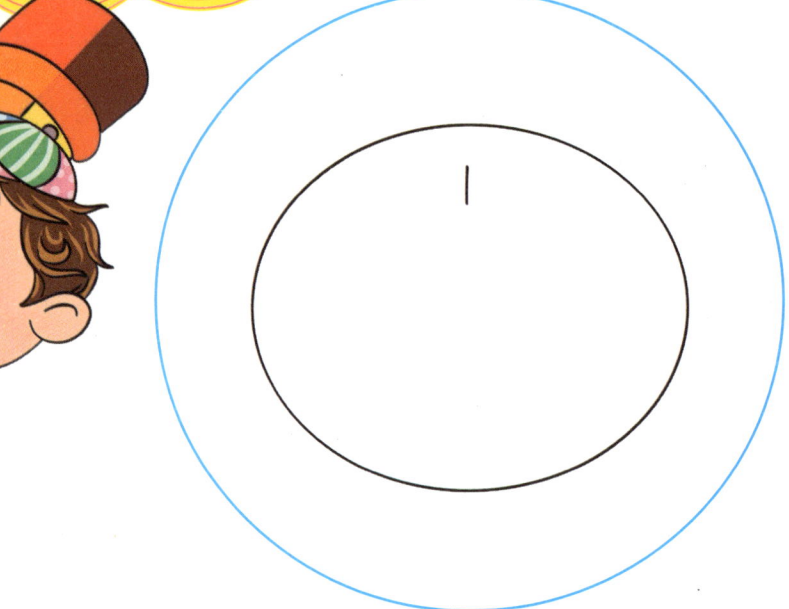

1 ابدأ برسم دائرة لتكوين الشكل الأساسي لثمرة الطماطم. بعد ذلك، ارسم خطًّا صغيرًا أعلى منتصف الثمرة.

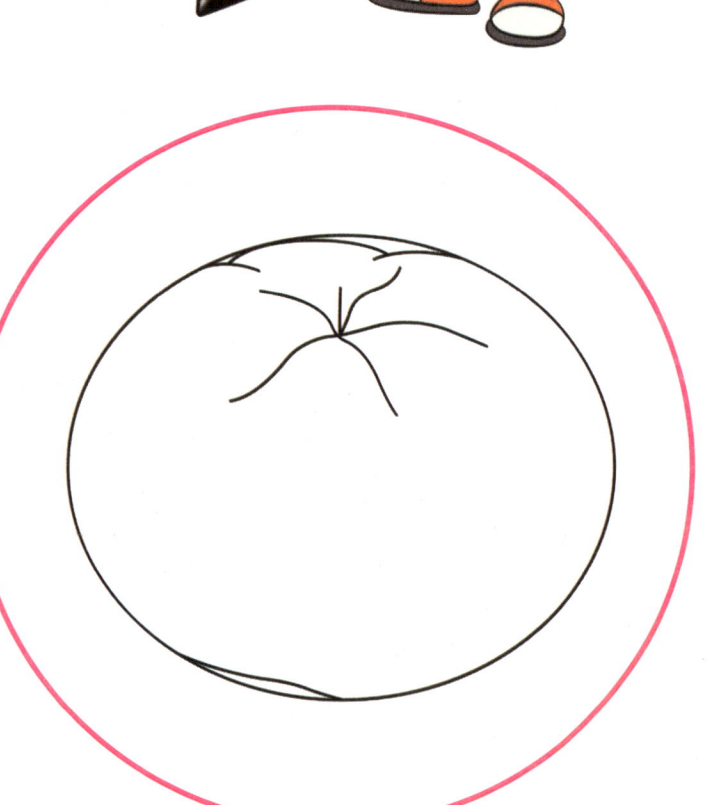

2 ارسم خمسة خطوط منحنية متقاطعة مع الخطّ الصغير في اتجاهات مختلفة.

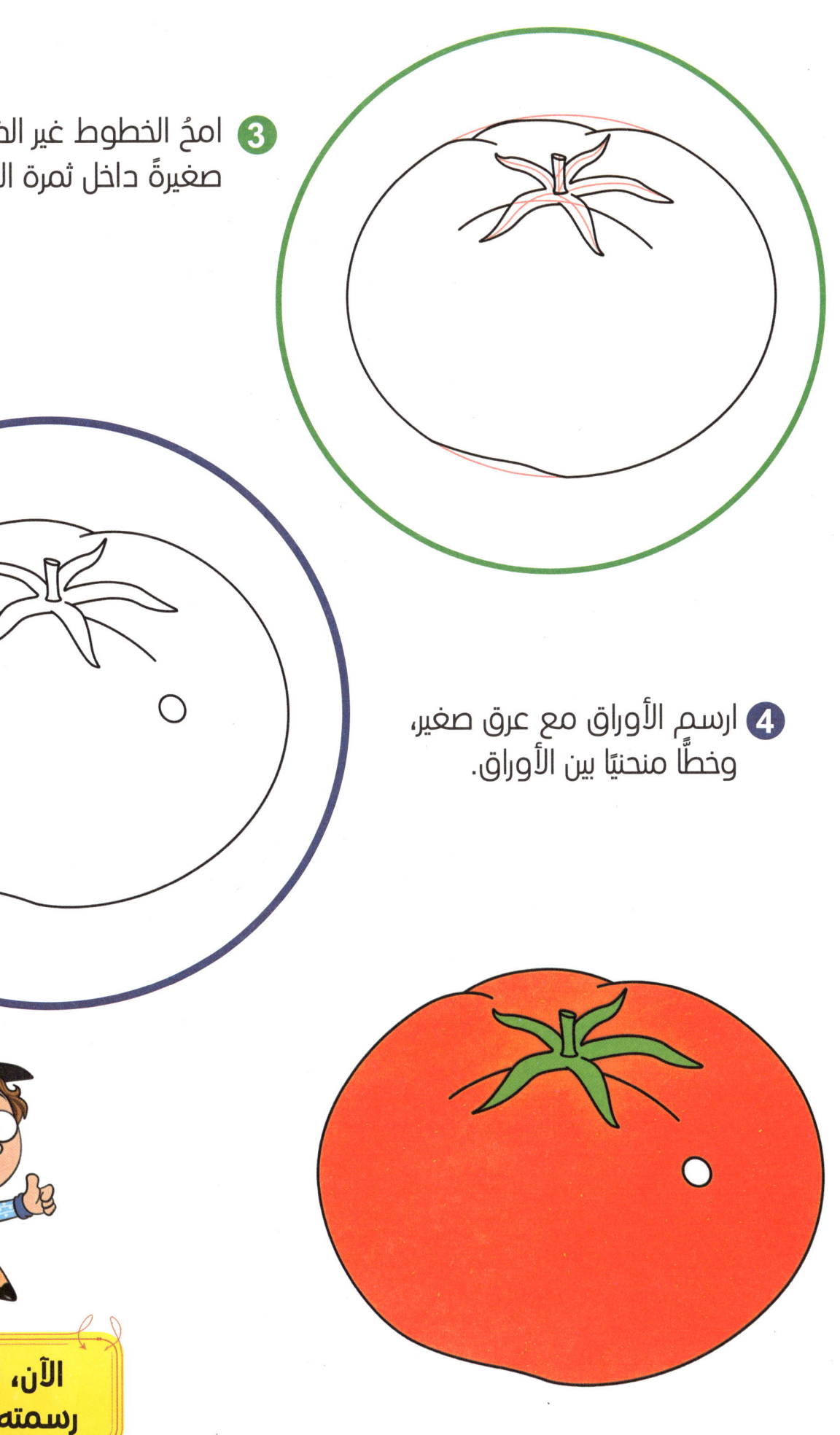

3 امحُ الخطوط غير الضرورية، وارسم دائرةً صغيرةً داخل ثمرة الطماطم لتبدو لامعةً.

4 ارسم الأوراق مع عرق صغير، وخطًّا منحنيًا بين الأوراق.

الآن، لوّن ما رسمته بعناية.

اللفت

الخطوة 1 2 3 4

ينبت اللفت في التربة.
يتغيَّر لونه من الأبيض إلى الأزهري تحت ضوء الشمس.

1 ارسم شكلًا بيضويًا. بعد ذلك، أخرج من أعلاه 3 خطوط منحنية، وخطًّا واحدًا منحنيًا من أسفله.

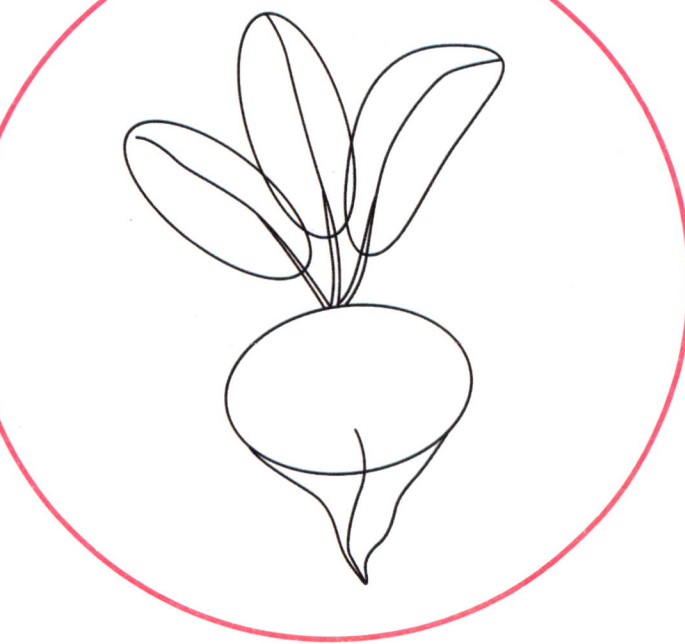

2 أحِط الخطوط المنحنية العلوية بأشكال بيضوية، والخطَّ المنحني السفلي بخطَّين متعرِّجين.

3 أضف التفاصيل اللازمة إلى رسمتك بجعل حواف الأوراق مدبَّبة، وامحُ خطوط القلم الرصاص غير الضرورية.

4 أضف خطوطًا للأوراق، وجذورًا في الأسفل.

الآن، لوّن ما رسمته بعناية.

القرنبيط

الخطوة 1 2 3 4

يشبه القرنبيط زهرة ضخمة ملفوفة بالأوراق الخضراء. له ألوان عديدة وهو مغذٍّ للغاية.

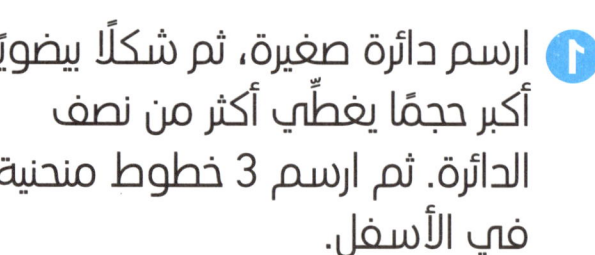

١ ارسم دائرة صغيرة، ثم شكلًا بيضويًا أكبر حجمًا يغطّي أكثر من نصف الدائرة. ثم ارسم 3 خطوط منحنية في الأسفل.

2 باستخدام الخطوط المنحنية الثلاثة، ارسم أوراق القرنبيط كما هو موضَّح هنا.

3 حدِّد الهيكل الأساسي لثمرة القرنبيط برسم حواف متموِّجة حول الدائرة والشكل البيضوي. ثم امحُ خطوط القلم الرصاص غير الضرورية.

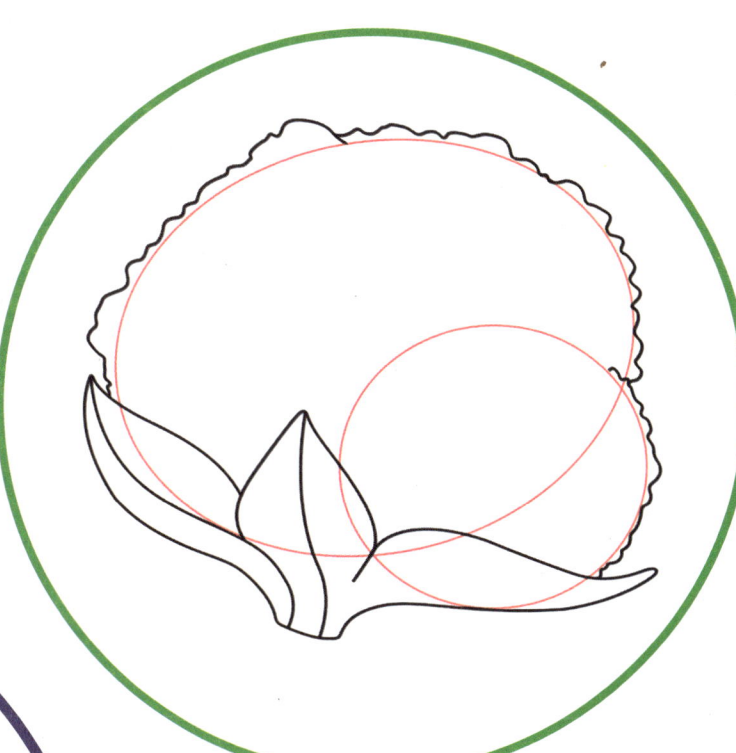

4 والآن، أضف كل التفاصيل المهمَّة لثمرة القرنبيط.

الآن، لوّن ما
رسمته بعناية.

الباذنجان

الخطوة 1 2 3 4

هو من النباتات المُزهرة. أشكاله قد تكون بيضوية أو دائرية، ألوانه بتدرجات البنفسجي.

1 ابدأ برسم دائرة صغيرة تتقاطع معها دائرة أخرى أكبر منها. ثم صِل بين الدائرتين بخطٍّ منحنٍ.

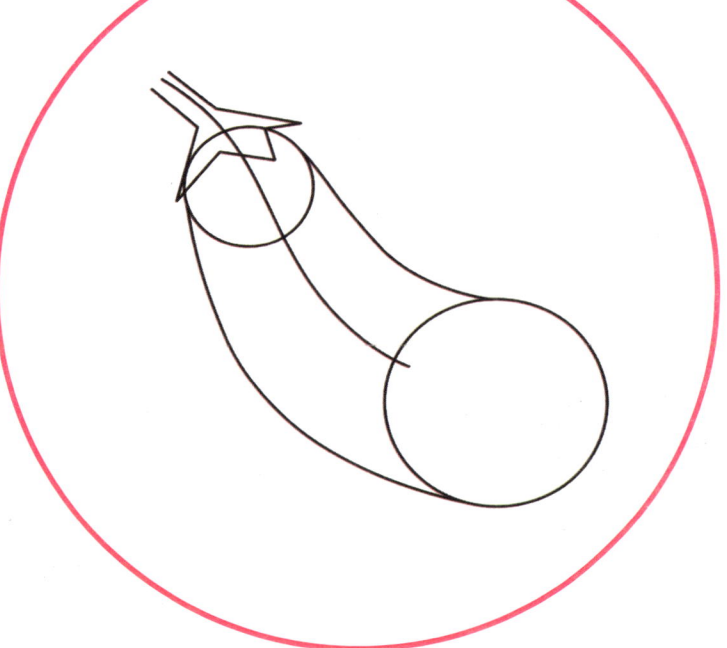

2 ارسم الهيكل الأساسي لثمرة الباذنجان مستعينًا بالدائرتين والخطِّ المنحني. ولا تنسَ أن ترسم العرق.

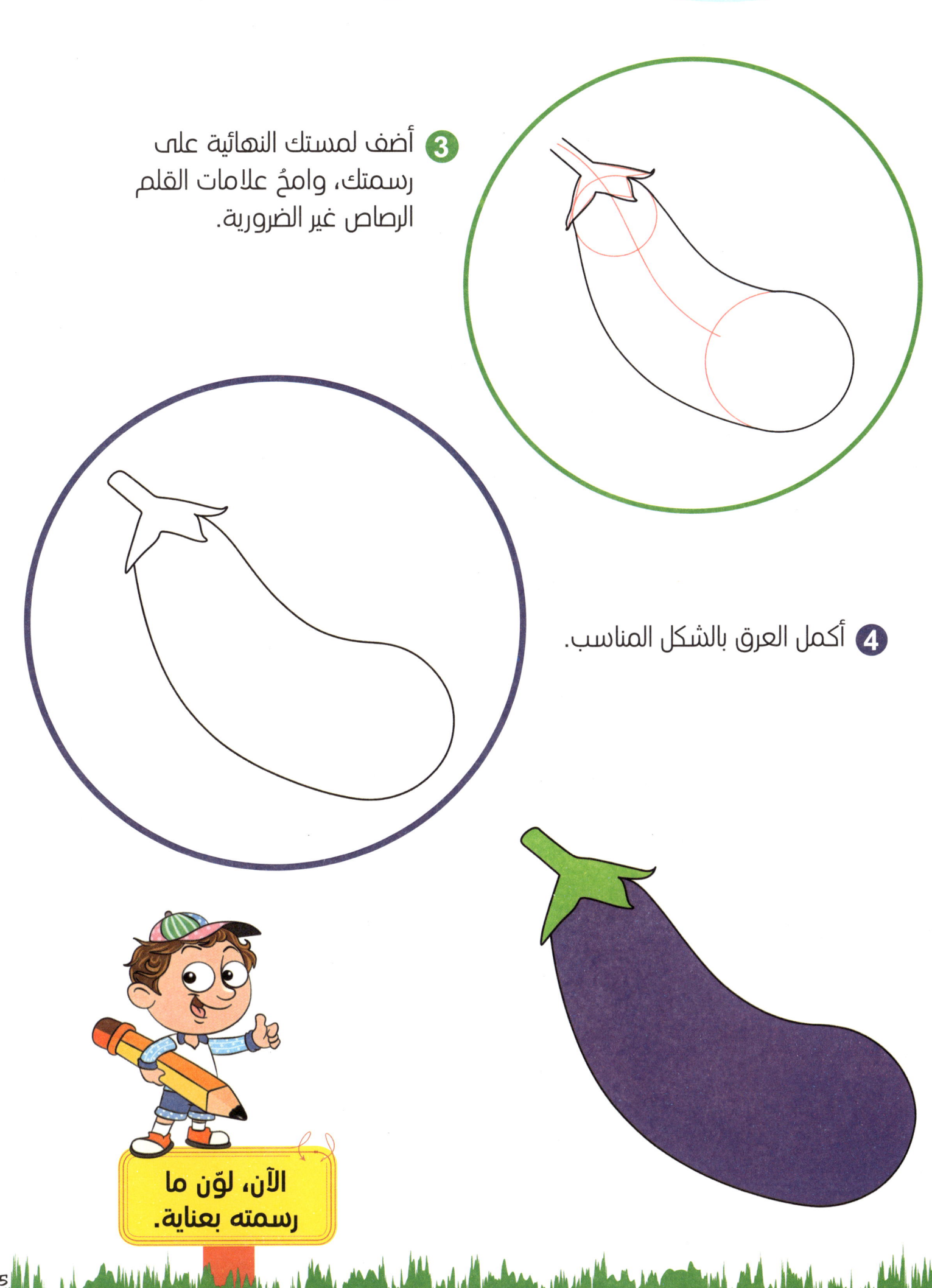

3 أضف لمستك النهائية على رسمتك، وامحُ علامات القلم الرصاص غير الضرورية.

4 أكمل العرق بالشكل المناسب.

الآن، لوّن ما رسمته بعناية.

الفطر

الخطوة 1 2 3 4

لا يحتاج إلى ضوء الشمس، ينمو في الظلِّ. له ساق صغيرة، يغطيها الجسم مثل مظلَّة.

1 ارسم دائرة يتقاطع معها شكل بيضوي، ثم شكلًا بيضويًا صغيرًا أسفلها، وخطًا منحنيًا يصل بين الشكلين البيضويين والدائرة.

2 ارسم خطوطًا تشكِّل تخطيطًا أوَّليًا للفطر عن طريق توصيل الشكلين البيضويين والدائرة والخطوط المنحنية معًا.

3 بعد ذلك، أعط الفطر شكله المميَّز برسم دوائر مختلفة الأحجام على جسمه العلوي. امحُ الخطوط غير الضرورية.

4 أضف التفاصيل اللازمة إلى الرسم.

الآن، لوّن ما رسمته بعناية.

البطاطا

الخطوة 1 2 3 4

تعتبر البطاطا من الدرنيات، وهي غنيَّة بالنشويات. ويمكن أكلها مشويةً أو محمَّرةً أو مقلية.

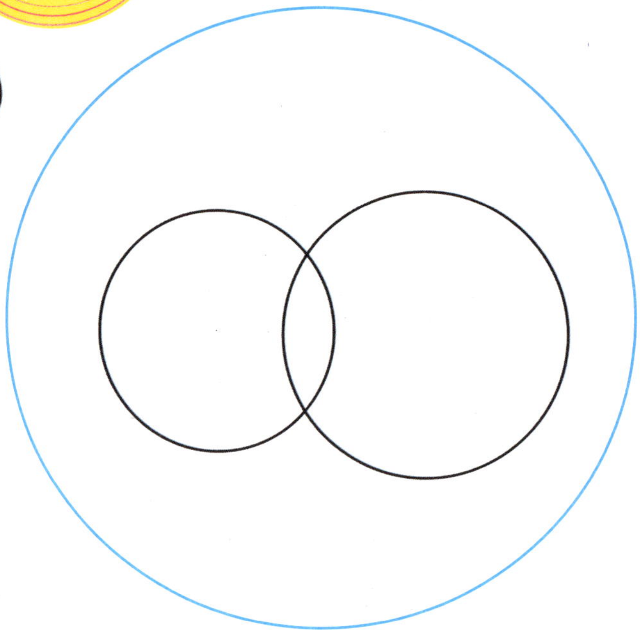

1 ابدأ برسم دائرة صغيرة، وعن يمينها دائرة أخرى أصغر منها تغطّي جزءًا صغيرًا منها.

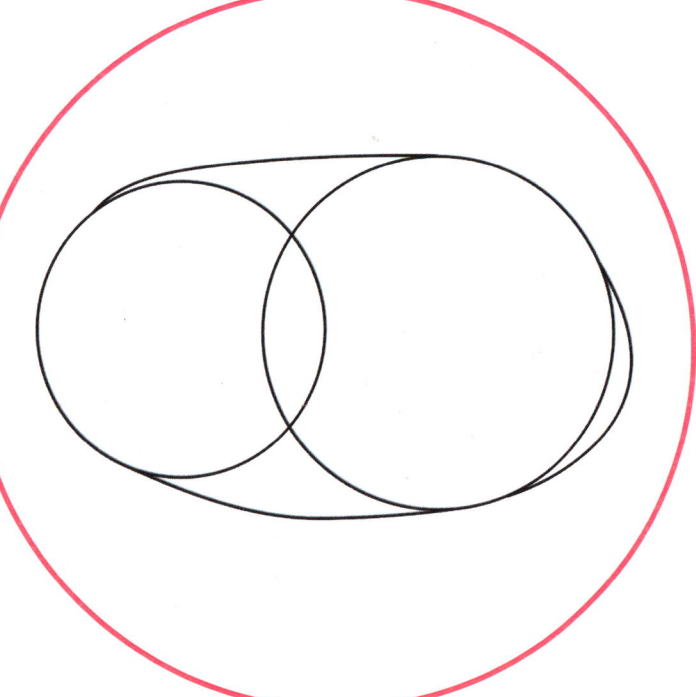

2 ارسم تخطيطًا أوَّليًا للشكل الأساسي للبطاطا عن طريق توصيل الدائرتين من الخارج.

3 امنح رسمتك المظهر المناسب، وامحُ علامات القلم الرصاص غير الضرورية.

4 أكمل الرسم بوضع العديد من النقاط على قشرة البطاطا.

الجزر

الخطوة 1 2 3 4

الجزر من الخضار الجذرية، أي ذات الجذور، ومن هنا أتى اسمه. مفيد للغاية.

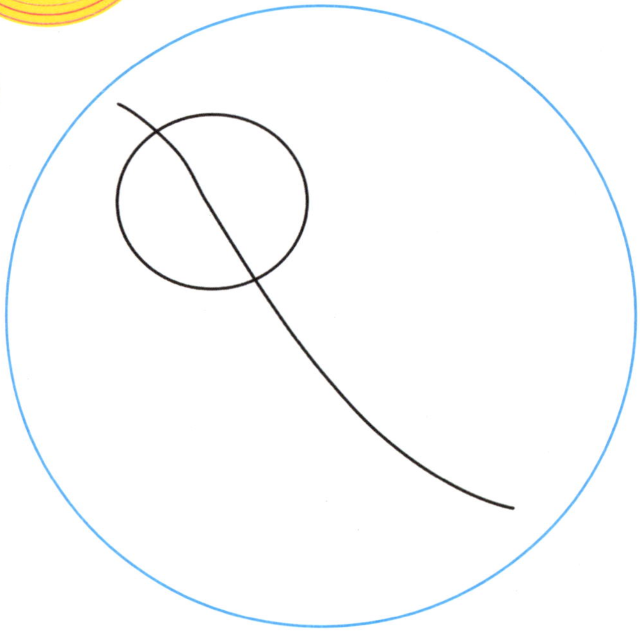

1 ابدأ برسم دائرة، يقطعها من المنتصف خطٌّ منحنٍ كما هو موضح هنا.

2 بعد ذلك، ارسم الهيكل الأساسي لثمرة الجزر مستعينًا بالدائرة والخطِّ المنحني. ولا تنسَ أن ترسمَ العرق.

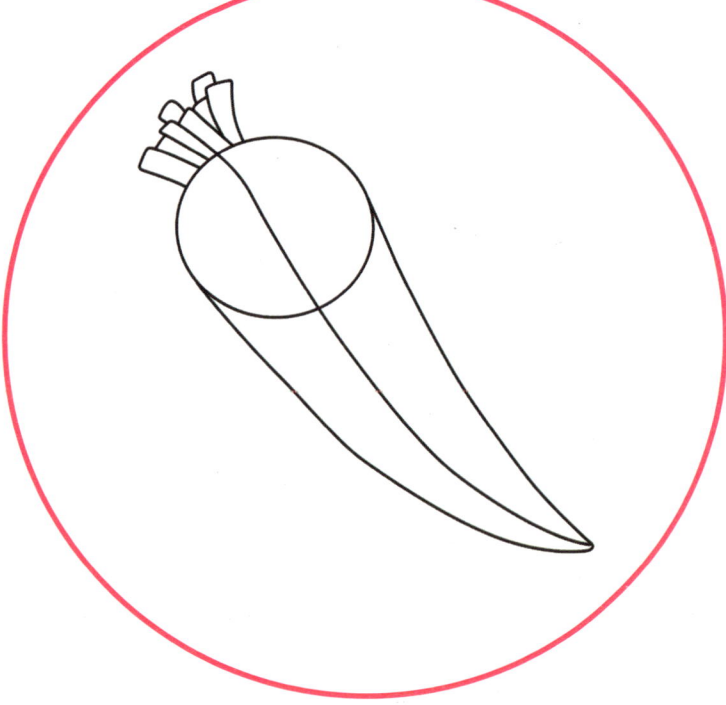

3 ثم أعط الجزرة شكلها المميز برسم حواف مموَّجة كما هو موضّح هنا. ثم امحُ خطوط قلم الرصاص غير الضرورية.

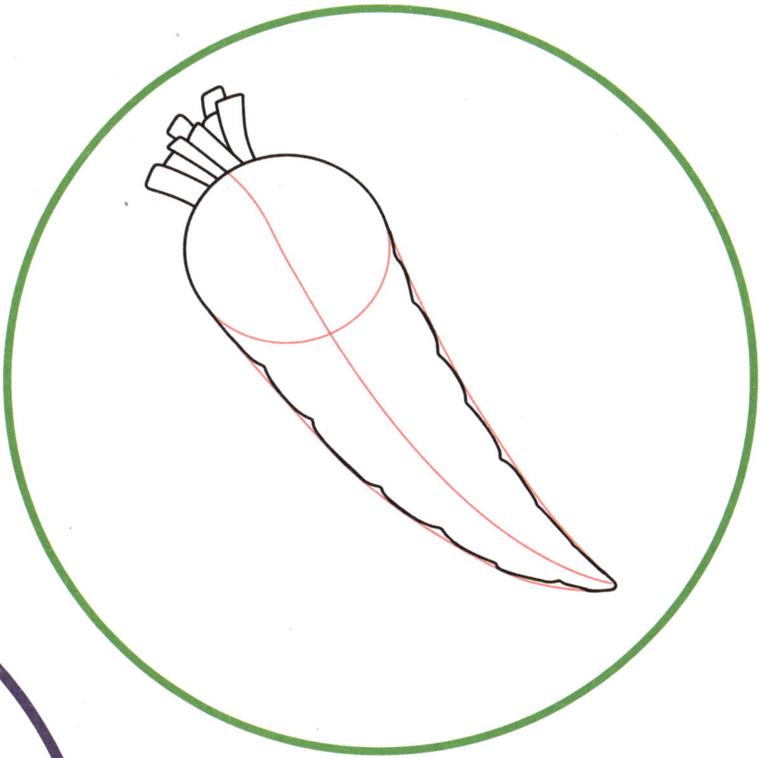

4 أضف بعض التفاصيل إلى الرسم كالتالي.

الآن، لوّن ما رسمته بعناية.

الفلفل الحلو

الخطوة 1 2 3 4

يتميَّز الفلفل الحلو بألوانه الزاهية: الأحمر والبرتقالي والأصفر والأخضر. كلما نضج ازدادت حلاوته.

1 ابدأ برسم شكل بيضوي كبير، تحته شكل بيضوي آخر أصغر. ارسم خطَّين منحنيين يصلان بين الجزء السفلي للشكلين البيضويين. ثم ارسم خطًا منحنيًا قصيرًا من الأعلى.

2 بعد ذلك، ارسم الهيكل الأساسي لثمرة الفلفل الحلو. وارسم العرق أعلى الثمرة.

3 ارسم الشكل المميّز لثمرة الفلفل الحلو، وامحُ كل علامات قلم الرصاص غير الضرورية.

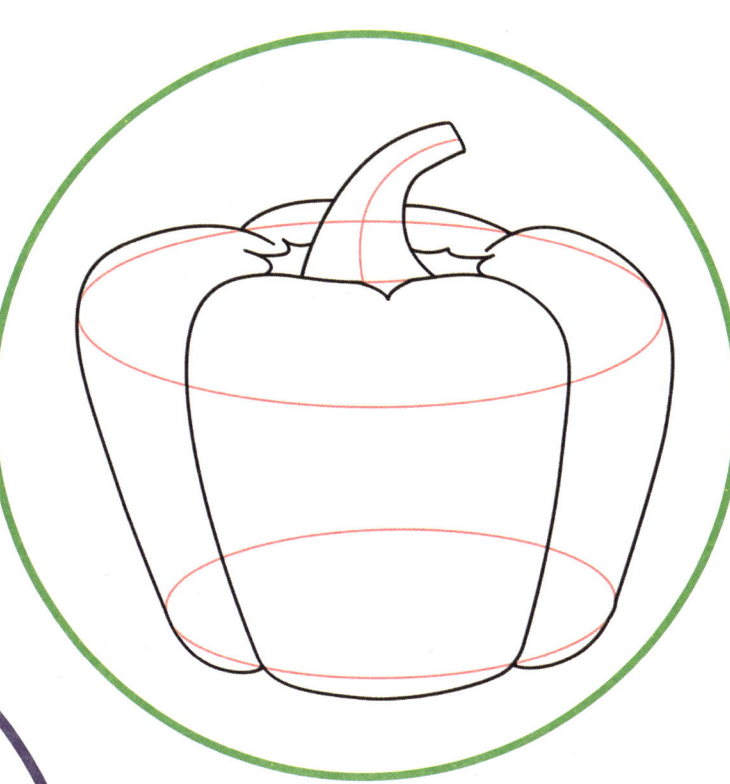

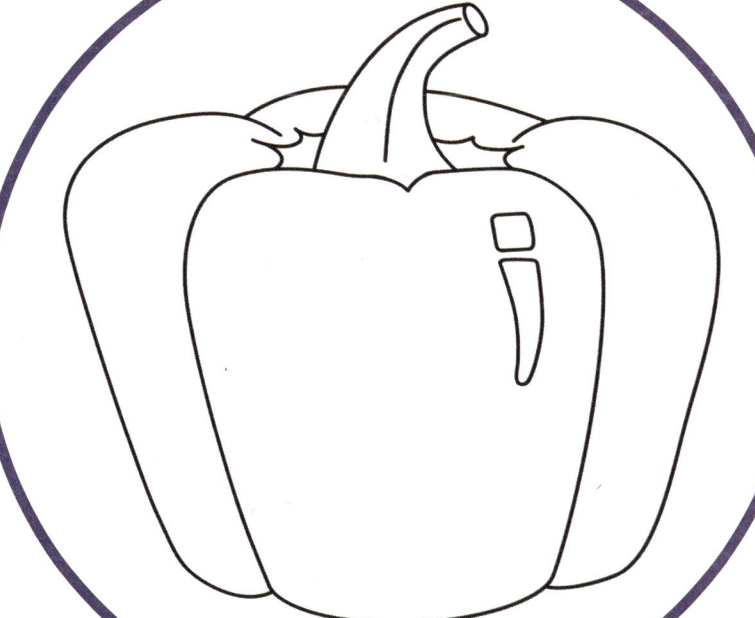

4 والآن أضف بقعةً على شكل حرف "أ" لتبدو ثمرة الفلفل الحلو لامعةً.

الآن، لوّن ما رسمته بعناية.

البصل

الخطوة 1 2 3 4

البصل مغذٍّ ويعطي أطباقنا مذاقًا رائعًا، ولكنَّ رائحته القوية تجعلنا نبكي غالبًا.

1 ابدأ برسم شكل بيضوي. ثم ارسم خطًا بأعلاه كما هو موضح هنا.

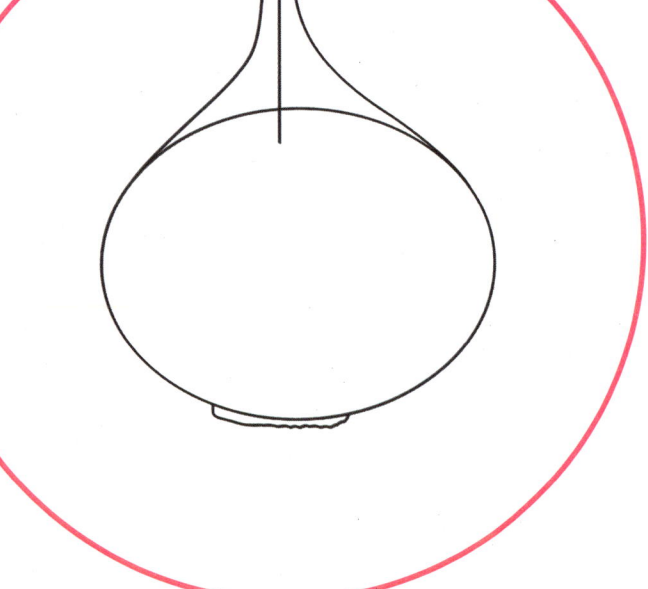

2 بعد ذلك، ارسم الهيكل الأساسي لثمرة البصل بإضافة خطوط حول الخطّ والشكل البيضوي.

3. والآن، أضف كل التفاصيل اللازمة لرسمتك كما في الشكل التوضيحي. ثم امحُ خطوط القلم الرصاص غير الضرورية.

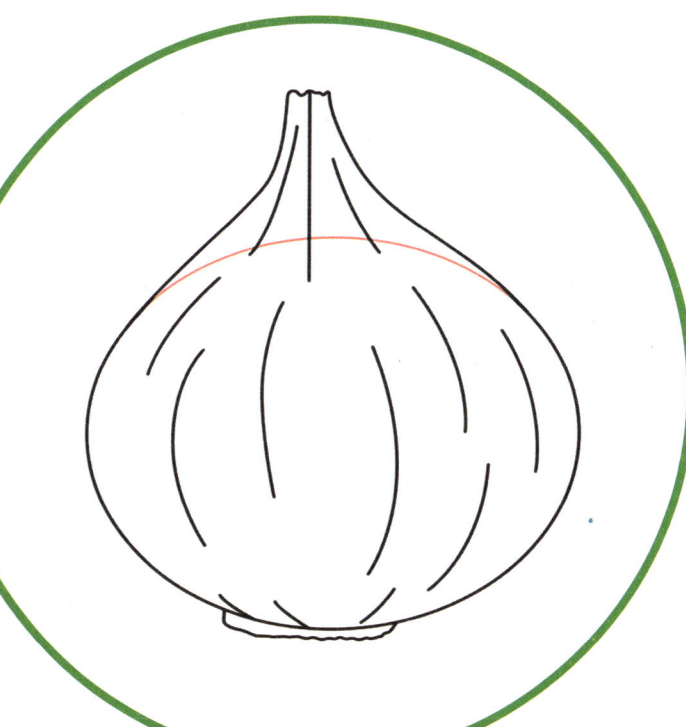

4. أكمل الرسم بإضافة بعض الجذور من الأسفل. وأخيرًا، لوِّن ثمرة البصل على ذوقك.

الآن، لوّن ما رسمته بعناية.

الذرة

الخطوة 1 2 3 4

**الذرة من أكثر الحبوب استهلاكًا في العالم،
قد تُسلق أو تُشوى أو تُجفَّف لنصنع منها الفوشار.**

1 ابدأ برسم شكل بيضوي مائل. ثم أخرج منه بعض الخطوط المنحنية كما هو موضح هنا.

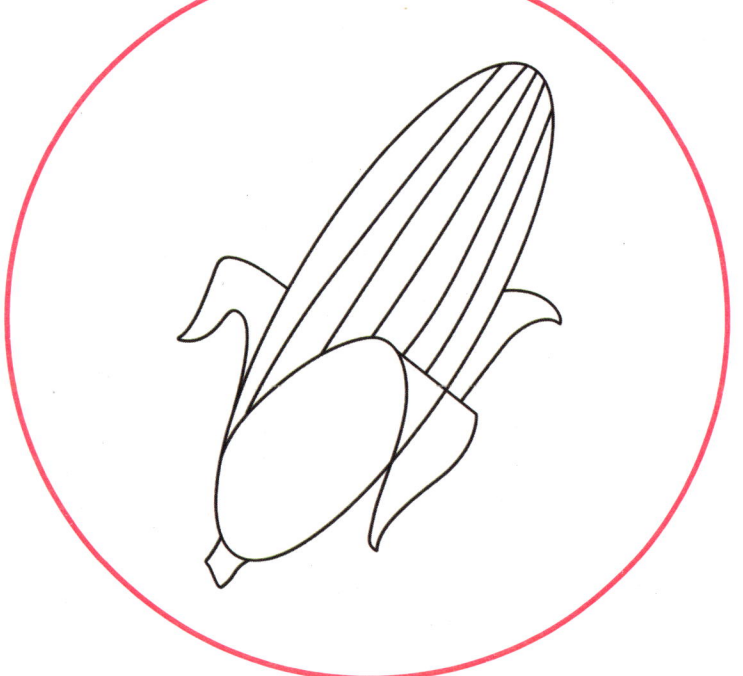

2 ارسم بعض الخطوط الطولية داخل الشكل البيضوي. ثم ارسم الورق مستعينًا بالخطوط المنحنية.

3 ارسم بعض الخطوط العرضية داخل الشكل. ثم امحُ خطوط القلم الرصاص غير الضرورية.

4 أضف بعض التفاصيل إلى أوراق الذرة.

الآن، لوّن ما رسمته بعناية.

الملفوف

الخطوة 1 2 3 4

يسمَّى أيضًا الكرنب. يعدُّ مصدرًا غنيًا بالفيتامينات، ويساعد على تذويب الذهون في الجسم.

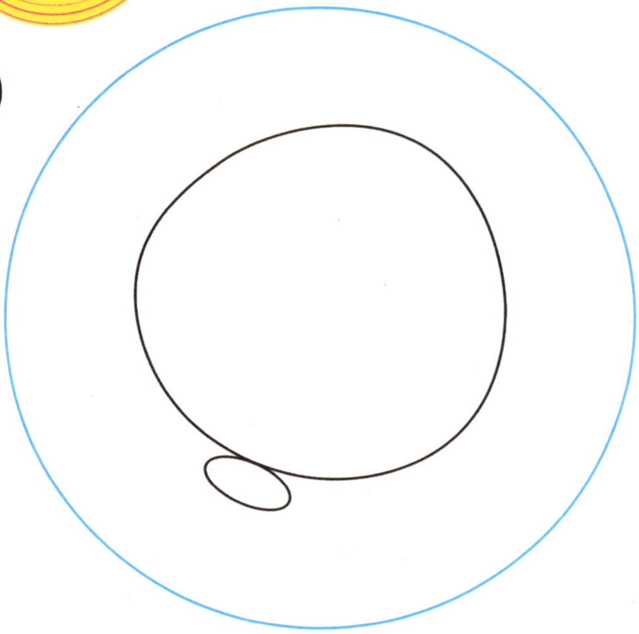

1 ابدأ برسم دائرة كبيرة، وأضف للجزء السفلي منها شكلًا بيضويًا صغيرًا.

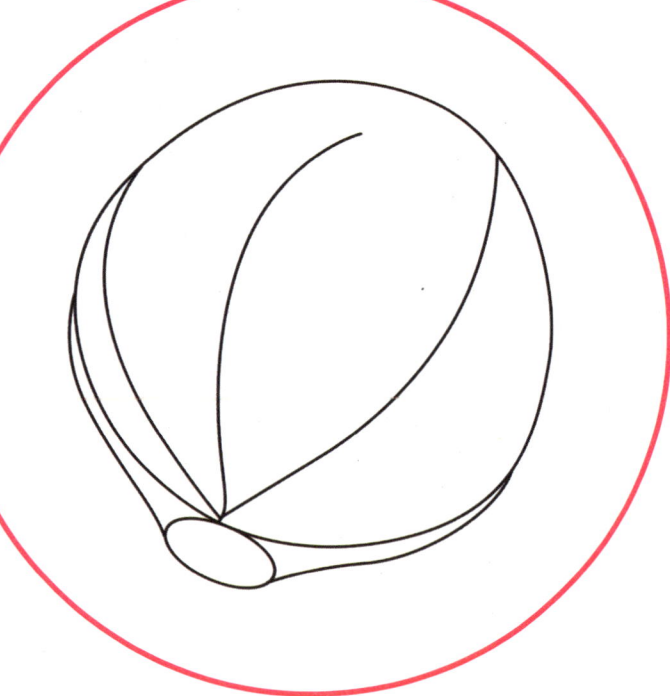

2 بعد ذلك، ارسم خطوطًا تتخلَّل الدائرة والشكل البيضوي لتخطيط الهيكل الأساسي.

3 أضف مزيدًا من التفاصيل إلى الملفوفة، بما في ذلك هيكلها الورقي وحوافها المموَّجة. ثم امحُ خطوط القلم الرصاص غير الضرورية.

4 أضف اللمسة النهائية إلى رسمتك بمزيد من التفاصيل.

الآن، لوّن ما رسمته بعناية.

الخرشوف

الخطوة 1 2 3 4

نبات يشبه البرعم غير المزهر. له قشور خضراء سميكة، وجزء في أسفله يُسمَّى القلب.

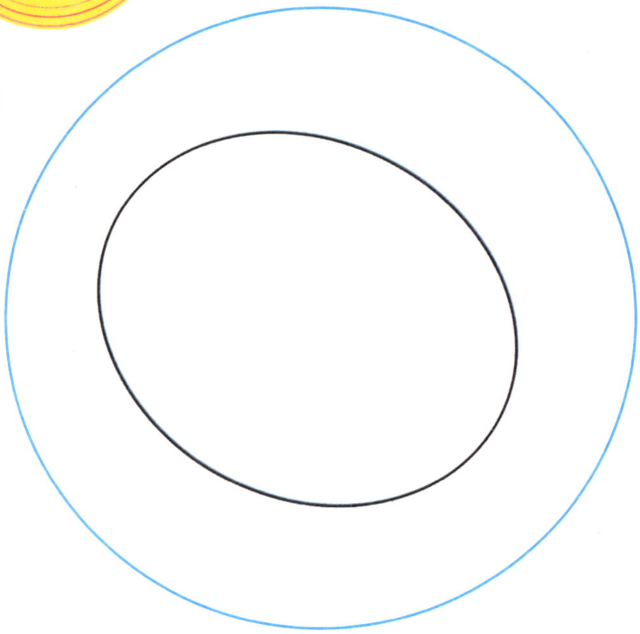

1 ابدأ برسم شكل بيضوي كما هو موضح هنا.

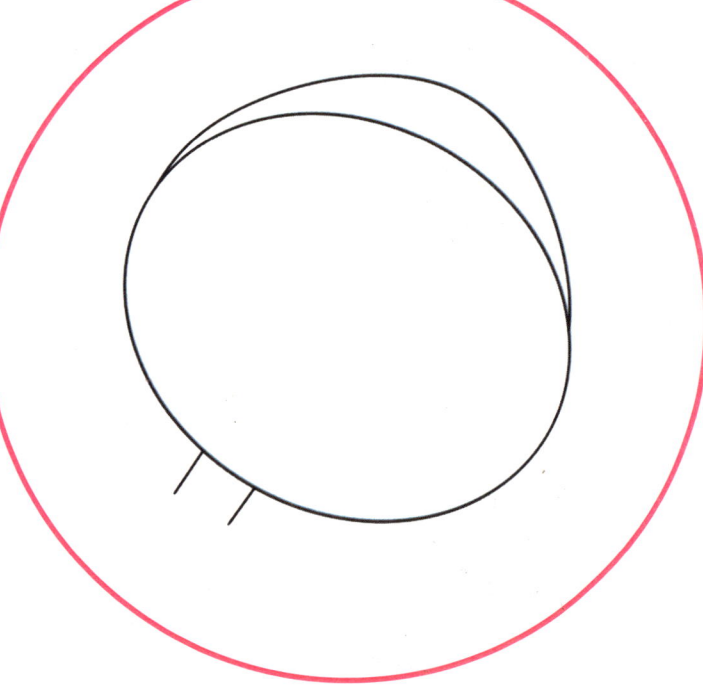

2 بعد ذلك، ارسم هيكل ثمرة الخرشوف مستعينًا بالشكل البيضوي. ولا تنسَ أن ترسم العرق.

3 والآن، ارسم خطوطًا منحنية بالطول والعرض، وزيّنها بالمثلّثات الصغيرة كالتالي...

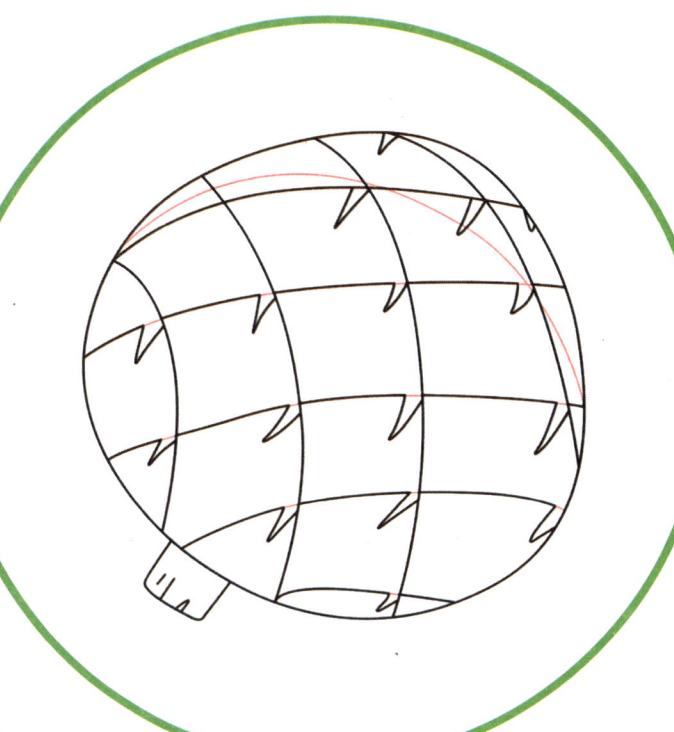

4 أضف لمستك النهائية على رسمتك بمسح كل خطوط القلم الرصاص غير الضرورية.

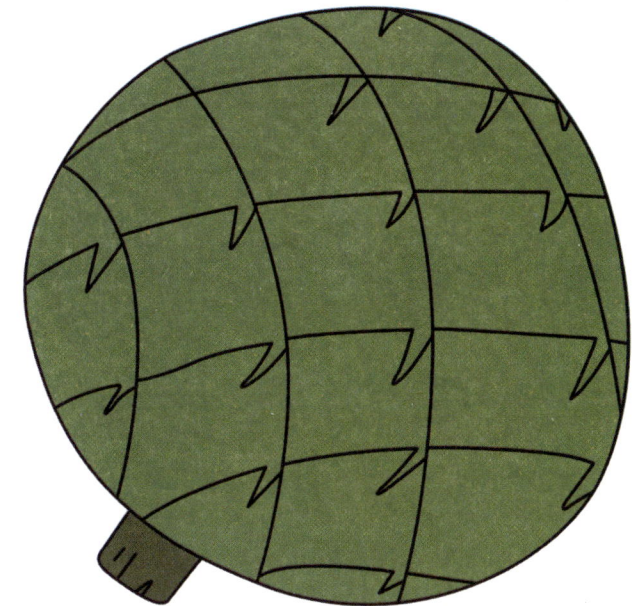

الآن، لوّن ما
رسمته بعناية.

اختبار حول الخضار

الخطوة 1 2 3 4

1. أي الخضار يجعلك تبكي عند تقطيعه؟

2. أي الخضار الجذرية مفيد للنظر؟

3. أي الخضار يشبه زهرة كبيرة؟

4. أي الخضار لونه برتقالي وشكله كروي؟

5. أي الخضار يساعد على تذويب الذهون؟

6. أي الخضار يمكن اعتباره من الفاكهة أيضًا؟

7. أي الخضار يشبه البرعم غير المزهر؟

8. أي نبات لا يحتاج إلى الشمس؟

9. أي الخضار يعدُّ مصدرًا للفيتامينات والحديد؟

10. أي الخضار 90% منه ماء؟

11. أي الخضار يصبح لونه أرجوانيًا تحت ضوء الشمس؟

12. أي الخضار يشبه البيض؟

13. أي الخضار تزداد حلاوته كلما نضج؟

14. أي الخضار يمكن أكله مهروسًا أو مشويًا أو مقليًا؟

15. أي الخضار يعتبر من الحبوب أيضًا؟